AF440273

LA
FRANCE LIBÉRALE

EN FACE

L'EUROPE

PRIX : 1 FR.

PARIS

CHEZ E. DENTU, LIBRAIRE

PALAIS-ROYAL, GALERIE D'ORLÉANS, 13.

1860.

LA
FRANCE LIBÉRALE

EN FACE

L'EUROPE

—⁕—

I

Les paroles mémorables de l'Empereur Napoléon III prononcées à Bordeaux : « l'Empire, c'est la paix, » servaient de base à toutes les actions d'éclat accomplies par ce monarque depuis son avènement au trône français. Napoléon III, prenant les rênes du gouvernement DANS ses mains à une époque fort critique, savait bien qu'il faut commencer, pour obtenir une paix durable et prospère, par l'affranchissement tour à tour des peuples opprimés, gémissant sous le joug de leurs maîtres-tyrans, et par l'abolition des priviléges que se sont arrogé maints gouvernements, d'empiéter sur les souverains plus faibles, leurs voisins. Pour atteindre ce but, la France libératrice et civilisatrice avait besoin d'un allié fort, juste et libéral en même temps, et tournant ses regards autour de lui, Napoléon III trouvait toutes ces qualités réunies dans la nation voisine dite l'Albion. Ce n'est qu'à l'aide d'un peuple si fortifié au dedans et au dehors par sa force morale et physique, comme le sont les Anglais, qu'il pouvait entreprendre une tâche aussi difficile dans l'exécution que délicate.

L'alliance anglo-française est un chef-d'œuvre de la science diplomatique, qui mérite bien d'être rangée à côté des premières inventions du génie dont fasse mention l'histoire de tous les peuples de l'univers. Rétablir une bonne harmonie entre deux nations rivales, qui se sont combattues depuis des siècles, se détruisant l'une l'autre comme l'eau détruit le feu; les unir d'une manière qu'elles se sacrifient mutuellement quand il s'agit d'une cause humaine et juste, c'est un fait qui touche au miracle. Par cette alliance des Français avec les Anglais, le premier pas vers le progrès et pour la propagation de la civilisation dans le monde tout entier, était un fait dont nous voyons se produire partout les effets bienfaisants.

II

L'alliance anglo-française, rétablie et cimentée, l'Empereur porta alors son attention au vaste Empire Ottoman qui faillit être écrasé sous la protection prétendue de la Russie, voulant y exercer son influence à tout prix et même par la force des baïonnettes. Le langage tenu à Constantinople par l'envoyé russe Mencikoff au nom de son maître, sous prétexte d'affranchir les habitants chrétiens de leurs oppresseurs, les musulmans, faisait voir jusqu'à l'évidence à tout le monde les vraies intentions du gouvernement moscovite, qui, dans son propre pays, poursuit avec un fanatisme du moyen-âge tous ceux qui ont le malheur de ne pas professer la religion orthodoxe.

Pour justifier en quelque sorte ses prétentions vis-à-vis la Sublime-Porte, il fallait que la Russie commençât à s'émanciper elle-même la première de ses préjugés religieux envers ses sujets de différents cultes. Pour exercer une véritable influence morale, il faut donner des preuves de sa moralité et de son amour de tout ce qu'il y a de juste. Les prétentions du souverain absolu russe, paraissant aux yeux des nouveaux alliés injustes, ils résolurent d'y donner leur *veto*, étant persuadés que le vrai but de la Russie tendait à s'agrandir aux dépens de l'homme malade, — nom dont l'empereur Nicolas qualifiait la Turquie dans ses célèbres conversations divulguées avec l'ambassadeur d'Angleterre, Seymour, et à accomplir de cette manière ses rêves continuels de la création d'un empire bizantin.

III

La guerre entre la Turquie et la Russie une fois éclatée, la France et l'Angleterre ne pouvaient rester des spectateurs impassibles; aussi volèrent-elles au secours de la puissance turque, menacée d'être écrasée par les coups terribles de son adversaire, qui, jusqu'à cette époque, avait la réputation d'un vrai géant. Dans le cours de différents combats, la Russie, après avoir souffert plusieurs défaites sanglantes, s'est sauvée dans la Crimée, se croyant à l'abri de toute attaque, parce qu'elle avait le redoutable boulevard dit Sébastopol derrière elle. Mais la chute de cette forteresse de premier ordre, après un siége régulier, ouvrit la porte aux armées alliées, et elles pouvaient dès lors pénétrer à volonté dans le cœur même de l'Empire russe. L'empereur Alexandre II, successeur de Nicolas, voyant le danger imminent pour la Russie s'approcher et voulant le prévenir, se prêta à des négociations pour le rétablissement de la paix. Le principal but de la guerre entreprise par les alliés étant atteint, la prépondérance que s'était arrogé la Russie sur l'Orient et le monopole exclusif russe sur la mer Noire détruits, l'équilibre européen à peu près rétabli, c'était alors Napoléon III qui lui tendait le premier une main réconciliante, et la paix fut ainsi conclue.

IV

Les conséquences de cette campagne furent immenses; la Turquie, délivrée de son cauchemaroppresseur, pouvait de nouveau respirer librement; l'alliance anglo-française cimentée par le sang versé mutuellement sur le champ de bataille, reçut un corps réel, et elle acquit en même temps le droit d'exercer son influence morale auprès du gouvernement turc pour l'amélioration du sort de ses sujets chrétiens. La Russie tombée de sa hauteur imaginaire, voulant profiter de la rude leçon qu'elle venait de recevoir, étant convaincue d'ailleurs que les causes justes triomphent et triompheront toujours — tôt ou tard — de celles qui ne le sont pas, et que même tous les instruments de destruction, — qu'ils s'appellent canons Armstrong, canons rayés, ou enfin canons Cavalli, — inventés par le génie de notre siècle, ne peuvent rien contre la force morale, a fait une volte-face subite et commença à entrer dans une voie plus libérale que celle qu'ont tracée et suivie ses ancêtres. Quoique l'émancipation des serfs de ce vaste empire, et les autres mesures humanitaires, ainsi que les vœux personnels — sans doute sincères — de l'empereur Alexandre II, ne soient jusqu'à l'heure où nous sommes devenus un fait accompli. Cependant il ne faut pas perdre courage, et espérons que le temps réparera tous les maux qu'on faits les siècles barbares.

V

Après la guerre de Crimée, d'autres obstacles se sont présentés au développement de la liberté des nations, proclamée d'en haut par Napoléon III. Les principautés danubiennes, la Moldavie et la Valachie, qui servaient depuis des siècles de champ de bataille aux pays qui les entourent et aux puissances prétendant y exercer une sorte de protection ou de souveraineté, réclamaient à haute voix le droit de s'unir en une nation et d'élire un seul prince, pour être à même de s'opposer à la volonté arbitraire du premier venu. Elles se trouvaient continuellement prises entre plusieurs feux, et furent tirées à quatre épingles comme des poupées. Leur existence n'était pas fondée sur une base solide, et avait beaucoup de ressemblance avec un canot sans gouverneur ni gouvernail, abandonné en pleine mer au premier caprice de Neptune. Elles portèrent leurs plaintes justes devant le trône de Napoléon III, qui leur promit ses bons offices. Les souverains voisins, intéressés au maintien du statu quo des principautés en question, faisaient la sourde oreille aux instances de ses habitants. La France ayant à cette époque besoin de repos et de délassement, après une campagne de deux années qu'elle venait de finir contre la Russie, et craignant le renouvellement d'une guerre à peine finie, ne pouvait donner à ces deux petits pays que son appui moral. A la sollicitation de Napoléon III, les diverses grandes puissances tombaient enfin d'accord, que la population de la Moldavie ainsi que celle de la Valachie, fût libre de choisir ses princes respectifs. Le résultat de cette double élection était très favorable à l'union réclamée, parce que les habitants avaient l'heureuse pensée d'élire pour leur prince une seule et une même personne, et de cette manière l'union des principautés moldo-valaques est passée au nombre des faits accomplis.

VI

Sur ces entrefaites, la situation déplorable et anormale de l'Italie, dépeinte avec tant de justesse et d'éloquence auprès du Congrès de Paris en 1856, par le représentant de Sardaigne, Cavour, diplomate par excellence, tourna l'attention du gouvernement impérial sur ce pays classique, berceau des sciences et des arts, qui, par l'oppression étrangère et les guerres civiles, est devenu un champ libre à toutes les rencontres belliqueuses, venues soit du dehors soit du dedans, et exposé d'être la proie exclusive du plus fort. L'Italie fut divisée tour à tour en plusieurs morceaux, dont les maîtres absolus disposaient à volonté , sans s'occuper le moins du monde, de leurs habitants. Les petits gouvernements tyrans poussaient à vue d'œil sur ce sol fécond, au ciel bleu, et peu il s'en fallait que la Péninsule italienne ne soit devenue une Confédération germanique de première ou de seconde édition. Le contact continuel de leurs divers inté-

rêts personnels et des éléments si opposés, produi-
sait des foudres qui étaient plus destructives que
toutes les éruptions du Vésuve et de l'Etna. Chaque
gouvernement gouvernait et frappait à sa guise, et
si l'on est parvenu à se soustraire à des persécutions politiques, on en encourait d'autres encore
plus dangereuses, nommées religieuses ou fanati-
ques. L'épée de Damoclès était de telle manière
toujours suspendue sur la tête des citoyens, lesquels
n'avaient rien à se reprocher que leur désunion,—
semée et exploitée d'ailleurs par les gouvernements
oppresseurs eux-mêmes.—Le roi Victor-Emmanuel,
véritable Italien de cœur et d'âme, qui, à juste titre
mérite le nom de roi galant-homme et chevaleresque, se mit à la tête du mouvement national pour
contrebalancer le poids des oppresseurs de l'Italie,
et en dénonçant au monde entier leur mauvaise
conduite à l'égard de leurs sujets inoffensifs; il
demanda en même temps à toutes les grandes puissances, signataires du traité de Paris, de venir en
aide à un peuple souffrant sous le joug de ses maîtres. En suivant exactement avec une piété filiale
les traditions les plus sacrées de ses ancêtres et principalement celles de son père généreux Charles-Al-
bert, Victor-Emmanuel résolut la délivrance de
toute l'Italie de son esclavage séculaire ou de trouver son sépulcre sous les débris de sa ruine. Toutes
les grandes puissances trouvant les plaintes du susdit roi magnanime, justes et équitables, faisaient les
démarches nécessaires auprès du gouvernement

d'Autriche, — gouvernement qui exerçait le plus son influence en Italie—pour obtenir de lui l'amélioration du sort des Italiens. L'Autriche croyant l'Italie abandonnée à ses propres forces, sans allié réel, et comptant sur l'indolence de certains gouvernements, refusait toute négociation en faveur des Italiens, et commença à faire usage du droit du plus fort.

VII

En 1859, l'Autriche tente un coup de main sur le Piémont, son voisin, qu'elle laisse envahir par ses armées hétérogènes.— D'ailleurs bien exercées sur ce terrain, — Turin, capitale et résidence du royaume, est exposée la première de se trouver dans leurs serres, un peu gênantes pour la respiration. C'est alors que la France, émue par le cri de douleur et de détresse d'une nation voisine de la même race, s'est résolue d'y porter remède par tous les moyens possibles. L'Empereur lui-même se met à la tête de ses soldats bien disciplinés, le courage desquels est admiré de tout l'univers, et les engage à repousser les ennemis envahisseurs de l'Italie. Ils volent de victoire en victoire et gagnent enfin la bataille décisive de Solférino, qui appartient aux faits d'armes les plus célèbres et mérite le nom de bataille des Géants. Pour donner preuve de modération et de sagesse, Napoléon III ne se laisse pas éblouir par le charme d'une vaine gloire acquise par la perte de nations tout entières, il s'arrête au milieu des applaudissements du monde civilisé et conservateur, et dit aux Italiens : « Assez de sang innocent versé et assez de victimes tombées sur le champ d'honneur. Dorénavant l'Italie est aux Italiens ; unissez-vous en une nation, et, en oubliant les rancunes séculaires, devenez tous des soldats jusqu'à l'époque où votre patrie tout entière sera délivrée de ses oppresseurs gratuits ». Aussi les Italiens, comprenant la portée des paroles prononcées par leur libérateur, s'empressaient-ils à suivre ses conseils bienveillants et commençaient à s'unir sous la bannière de leur roi chevaleresque Victor-Emmanuel.

VIII

Au milieu de ces préoccupations politiques, Garibaldi, homme extraordinaire, vrai patriote italien, doué du courage et de la magnanimité d'un lion, intéressé au plus haut degré à la délivrance de l'Italie, sa patrie, reparaît sur la scène italienne, s'embarque pour la Sicile avec une poignée d'hommes résolus de vaincre ou de mourir, brûlant ses vaisseaux comme l'ont fait les héros de l'antiquité. Sous la devise : l'Italie et Victor-Emmanuel, il marche de succès en succès ; les tyrans oppresseurs succombent et leurs forteresses disparaissent comme des boules de savon. En franchissant le détroit de Messine, il fait son entrée solennelle à Naples sans coup férir. Le roi des Deux-Siciles, François II, abandonné par tout le monde et même par les exécuteurs complaisants de ses ordres tyranniques, se réfugie à Gaëte, se promettant monts et merveille d'une guerre civile semée et payée parmi ses sujets innocents par ses agents fidèles. Victor-Emmanuel, dans sa sollicitude paternelle pour le bien de l'Italie, prend de nouveau l'initiative, au risque même d'être blâmé par son alliée généreuse, la France. Il envoie des troupes à Naples, et, pour couper court à toutes les démarches réactionnaires, il tâche de détruire de fond en comble la réaction, qui prend ses racines du clergé siégeant à Rome, foyer privilégié pour les aventuriers de tout l'univers. Après une campagne de quelques semaines, il combat et disperse les mercenaires papaux recrutés et encouragés au fratricide par l'hydre cléricale et réactionnaire. Les armées piémontaises sont victorieuses et chassent partout les ennemis de la cause juste de l'Italie.

Garibaldi met son pouvoir dictatorial dans les mains de Victor-Emmanuel, et, dans sa modestie qui touche à l'incroyable, il se retire à l'admiration universelle dans la solitude de Caprera, d'où il pense sortir quand il s'agira de la délivrance de Venise.

L'ex-roi des Deux-Siciles se défend encore en désespéré à Gaëte ; mais tôt ou tard il va succomber méprisé de tout le monde pour avoir enflammé la guerre civile. C'est la fin tragique des Bourbons, lesquels, en cessant d'exister, donnent des preuves de leur méchanceté dont parlera avec indignation la postérité. Voilà la différence de race entre la famille des Bourbons et celle des Napoléons. Napoléon Ier, après la défaite désastreuse de Waterloo, pouvait bien entretenir en France une guerre civile pendant de longues années ; mais, dans sa magnanimité, il préféra être exilé et enchaîné au rocher de Sainte-Hélène, séparé à jamais de sa famille et de sa chère patrie, que de faire verser une goutte de sang de ses braves concitoyens.

IX

A notre avis, l'annexion de Nice et de la Savoie à la France, ainsi que l'occupation française à Rome, ne sont que des précautions nécessitées par l'état fiévreux dans lequel se trouve à présent plongée toute l'Europe, et principalement la Péninsule italienne. La France, exerçant son influence morale dans tout le monde, n'a pas certainement besoin de frontières naturelles ; sa véritable force, c'est son ascendant moral, boulevard le plus sûr contre toute attaque physique. Nous sommes persuadés que le jour où l'Europe sera pacifiée, et la crise dangereuse une fois passée, l'empereur Napoléon III lui-même, de son *motu proprio*, dira aux Italiens : « Je vous rends Nice et la Savoie que j'ai retenues comme gage précieux jusqu'à l'époque de l'affranchissement complet de l'Italie. Je veux donner au monde l'exemple de mon désintéressement et de mes intentions bienveillantes à l'égard d'une sœur amie. »

Comme il est démontré que Nice et la Savoie ne peuvent que profiter de leur annexion temporaire à la grande nation française, et par la communauté des intérêts matériels, et par la part à la gloire qu'elles auront avec la France, ces filles adoptives rendues à leur famille italienne, en contractant le goût exquis pour tout ce qu'il y a de beau et de grandiose, contribueront beaucoup à la grandeur de l'Italie, qui, par la nature elle-même, paraît être destinée à une vie sublime. Combien d'hommes célèbres n'a-t-elle pas vus naître et mourir dans son sein !

X

Quant à l'occupation militaire et l'appui moral que donne le gouvernement impérial à la ville éternelle de Rome, nous ne croyons pas nous tromper en assurant que tout cela cessera dès le moment où l'Italie sera organisée et unie d'une manière stable et durable. L'ex-roi François II, une fois chassé de Gaëte, et Venise, la plus précieuse perle de l'Italie, rendue par la force des événements à sa mère-patrie, la caste cléricale sera forcée, bon gré mal gré, de renoncer à un pouvoir temporel qu'elle s'arroge de vouloir exercer sur nous au nom de la religion. Les temps sont changés ; ce qui était bon et équitable dans les siècles ignorants et superstitieux ne l'est plus dans notre siècle éclairé et progressif, et le rôle du clergé n'est plus le même depuis le temps que les peuples sont devenus majeurs. Quand ils étaient dans leur minorité, il leur fallait des tuteurs pour les guider dans le chemin de la vertu et de l'honneur, et, pour qu'ils ne s'en écartent, il était même raisonnable de tirer parti de leur ignorance pour leur propre salut. Mais, de nos jours, il est absolument impossible que les ministres de Jésus-Christ exercent sur nous quelque influence en faits mondains ; il leur manque le prestige et le nimbe qui les entouraient autrefois. Si nous remontons à la source pour savoir la cause de ce qui précède, nous voyons, en lisant attentivement l'histoire contemporaine, que le clergé lui-même a contribué beaucoup à sa perte. Au lieu de s'occuper exclusivement de choses sacrées et religieuses, il se mêle de politique ; au lieu de donner l'exemple de la résignation et de la simplicité, il s'entoure d'un luxe oriental, et au lieu de prêcher la charité, l'amour de son prochain et la concorde, il prêche la haine, la persécution et la discorde. Rome, ville éternelle destinée à des pèlerinages pieux, est devenue aujourd'hui le siège des aventuriers et des réactionnaires. On y organise en plein jour des contre-révolutions et l'on y fait les vœux les plus sincères pour une guerre générale et civile. Si Notre-Seigneur Jésus-Christ venait à descendre du haut du ciel sur la terre, en voyant la conduite de ses vicaires, il s'écrierait certainement : « OEuvre divine, créée par moi, je ne te reconnais plus ! Mes disciples, auxquels je l'ai confiée, l'ont transformée selon leurs caprices et leurs ambitions personnelles. Je me suis fait crucifié pour la rédemption de l'humanité et pour donner l'exemple de la résignation, et vous, mes apôtres, qui avez la mission divine d'imiter mon exemple, de vivre modestement, de semer la concorde, d'exercer partout votre influence pour le salut des âmes égarés, vous mettez votre égoïsme et votre amour-propre au-dessus de tous vos devoirs les plus sacrés ! Vous prêchez une croisade et faites verser le sang humain en acharnant le père contre son fils, le fils contre son père et le frère contre son frère ! Vous employez les deniers destinés à des œuvres pies, à la solde de mercenaires et aux instruments diaboliques pour faire perdre vos semblables, et tout cela pour une cause purement mondaine ! »

XI

En effet, nous voyons le clergé depuis plus d'un demi-siècle, toujours en opposition avec l'esprit moderne et avec les aspirations des peuples, tendant à recouvrir leur indépendance. Le Saint-Père fait sous forme de concordats, des alliances anti-nationales,

oubliant le premier devoir d'un bon citoyen de servir la patrie, et il montre une intolérance du moyen-
âge contre les religions non CHRETIENNES, comme
le prouve le rapt de l'enfant de Mortara. La dernière action barbare et inhumaine, révolte le senti-
ment de tout honnête homme, et donne le coup de
grâce à la confiance dont jouissait le chef de la ca-
tholicité. Arracher un enfant à sa mère, et être in-
sensible à tous ses pleurs navrants, c'est un at-
tentat à l'humanité et digne d'un Néron. La religion
de MOSAE elle-même, qui évidemment servait de base
fondamentale à la religion chrétienne, quoique con-
servée dans son essentiel, avec une opiniâtreté extraordinaire pendant des milliers de siècles, a subi
maintes changements dans ses dogmes, et elle est
à l'heure où il est devenue plus conforme à l'esprit
progressif de notre siècle. En entrant dans un tem-
ple israélite moderne, nous sommes surpris de la
différence qui y existe en comparaison avec une sy-
nagogue d'ancienne date. Les israélites de notre
temps sont les premiers à secourir les pauvres et les
opprimés sans distinction de religion ou de race, et
nous trouvons même parmi eux des défenseurs zélés
de la loi contre l'usure, laquelle d'après leurs précep-
tes n'existait point à l'égard des païens d'autrefois.
Comment se fait-il donc que les vicaires de Jésus-
Christ prétendent que les dogmes de la foi chrétienne
ne soient susceptibles d'aucune réforme, et qu'ils ré-
pondent à toutes les demandes de ce genre de la
part de la civilisation moderne, par les paroles ob-

stinées, « non possumus » ? Nous sommes convaincus que cet état de choses à Rome, devenu intolérable pour tout le monde, cessera dès que les Italiens auront conquis et fondé leur indépendance, et, nous le répétons encore une fois, que l'occupation du patrimoine de Pie IX, par les troupes françaises, n'est que temporaire et n'a d'autre but que de prévenir un massacre causé par le contact du peuple italien irrité au plus haut degré, avec le clergé. L'ex-roi, François II, siégeant encore dans son donjon redouté, dit Gaëte, et la Vénétie, avec son quadrilatère, se trouvant dans les bras de fer de l'Autriche, on peut, du reste, considérer l'occupation française au point de vue stratégique, comme barrière infranchissable contre les ennemis de l'Italie, qui, l'œil toujours fixé sur leur proie, n'attendent que le moment favorable pour réaliser leur rêve de conquête.

XII

La délivrance de la Vénétie n'est à nos yeux qu'une question de temps. La Vénétie c'est un membre détaché d'un corps vivant, membre qui à lui seul n'a pas de valeur, et cependant il a une grande importance s'il se trouve à sa place destinée par la nature elle-même. L'Autriche ne peut pas se servir en aucune manière d'une partie d'un corps étranger, laquelle liée par un mécanisme au reste de son empire,

perd à vue d'œil de sa vitalité et devient même conta-
gieuse. La Vénétie forme à l'heure qu'il est, le membre le plus vulnérable et le plus faible des Etats au-
trichiens, et il vaut mieux le sacrifier à un temps
opportun, que de vouloir le conserver artificielle-
ment au risque du corps tout entier. Les aspirations de ses habitants à la nationalité italienne et
au partage commun du sort de leurs frères, ne sont
que trop enracinées, pour qu'une puissance humaine
ou le temps destructeur même, puisse jamais les détruire. Ce sont des plantes tropiques, qui, arrachées
au sein chauffant de leur mère-patrie et exportées
dans un climat glacial, flétrissent tout-à-fait. L'empire autrichien en état de dissolution complète, et
par son isolement et par sa détresse financière, n'a,
que nous ne sachions, d'autres moyens de sauvetage,
que de renoncer à la conservation de la Vénétie, laquelle malgré tous ses efforts, lui échappera tôt ou
tard. N'est-il donc pas préférable de prévenir à
temps la tempête qui menace d'éclater que d'at-
tendre le dernier moment où l'on prononcera peut-
être le mot fatal de trop tard? La guerre commencée
sur le Mincio, aura sans doute son contre-coup dans
toutes les provinces hétérogènes d'Autriche, qui
n'attendent que l'occasion opportune pour s'en dé-
tacher, et alors pris entre deux feux, la perte de
l'empire sera plus que certain. La cession de la Vénétie, moyennant une forte indemnisation pécuniaire,
est la seule ancre de salut de son existence. Qu'est-
ce que c'est que la Vénétie d'aujourd'hui pour l'Au-

triche? c'est une source inépuisable de malheurs continuels; c'est le foyer et le rendez-vous de la révolution, où la propagande révolutionnaire est en permanence, résolue de faire disparaître la domination autrichienne toute entière.

XIII

De quel côté que ce soit, que nous envisagions la possession autrichienne en Italie, elle n'est que ruineuse et fatale pour l'Autriche. Pour conserver la Vénétie et tenir en échec ses habitants, il faut y tenir une garnison permanente de cent cinquante mille hommes, c'est-à-dire la quatrième part de son contingent militaire, choisis parmi ses meilleures troupes, auxquelles on est forcé de fournir de l'argent sonnant, et qui coûtent, l'agio compris, plus d'une centaine de millions de francs par an.

Si nous ajoutons à cette somme considérable les dépenses des fortifications et celles des employés civils dont cette province est inondée, nous ne croyons pas nous tromper en mettant le chiffre des dépenses annuelles au moins à cent cinquante millions de francs, soit plus de soixante francs par tête de chaque habitant. — La Vénétie contenant une population de 2,400,000 âmes. — Est-il donc possible que la Vénétie, appauvrie dans les dernières années, fournisse l'argent nécessaire pour sa conservation? D'après les tables statistiques les plus récentes, cette province ne rapporte à l'Autriche qu'un revenu annuel de soixante-dix millions de francs, ce qui ne fait pas même la moitié des dépenses. Pour couvrir ce déficit, il faudrait que le gouvernement autrichien eût recours aux ressources de ses autres possessions non italiennes, qui sont déjà exploitées et épuisées par les contributions et les emprunts quasi forcés.

XIV

La situation de l'Autriche est devenue très-précaire; l'idée de la nationalité et d'une sorte d'autonomie se propage dans tout son empire avec la rapidité d'un torrent; l'esprit moderne de la civilisation prend le dessus, et le retenir c'était nager contre le courant. Les diverses races se disputent le rang, les Magyars demandent leurs libertés sur la base de 1848, et les éléments slaves et allemands, eux aussi ne veulent pas rester en arrière. Le danger approche et les flots d'une guerre civile menacent de déborder. Il faut des remèdes efficaces et prompts pour prévenir un bouleversement général. Nous conjurons le jeune monarque François-Joseph, au nom de l'humanité et de la civilisation de prendre des mesures promptes et décisives, pour faire cesser cet état de choses intolérables, qui nous tient en suspens, pèse sur notre conscience et nous fait craindre un renouvellement des Vêpres Siciliennes.

XV

A notre avis il n'y a que deux remèdes de guérir ce malaise. D'abord il est de la dernière importance, comme nous l'avons déjà dit, de céder la Vénétie moyennant une somme d'argent convenable. Pour sauver les apparences, et éviter toutes les susceptibilités de la part de François-Joseph, il est urgent que l'Empereur Napoléon III prenne l'initiative et serve d'intermédiaire et en même temps de garant à cette affaire, si salutaire à tout le monde. Une entrevue pareille à celle de Villafranca finirait, nous en sommes sûrs, par la cession de la Vénétie à la France, qui, en se portant garant d'une certaine somme vis-à-vis de l'Autriche, la recéderait aux mêmes conditions à l'Italie. La France, qui s'est déjà acquise tant de titres à le reconnaissance de la jeune Italie, en ajouterait davantage, et les Italiens, reconnaissants en recevant la Vénétie des mains de Napoléon III, contracteraient une dette d'honneur envers lui.

C'est, à ce qu'il nous paraît, le moyen le plus sûr pour surmonter toute difficulté.

XVI

La cession de la Vénétie faite par le susdit rachat, la crainte d'une dissolution de l'empire autrichien cessera *eo ipso*; son crédit moral et matériel ira en augmentant visiblement; la Banque y deviendra un vrai institut national et indépendant, libre de toute pression, et pourra reprendre ses paiements en espèces par l'argent résultant de la vente que le gouvernement lui fournira. Tout le monde ne pourra que profiter de ce changement, parce que chacun est intéressé directement ou indirectement à l'amélioration des finances autrichiennes. Pour satisfaire aux justes réclamations des diverses nations composant son empire, et pour mettre un frein aux prétentions exaltées de certains partis, nous sommes persuadés que le jeune monarque François-Joseph, instruit par les meilleurs maîtres, nommés malheurs, pendant les douze années de son règne, continuera à marcher dans la voie libérale qu'il s'est tracée par son diplôme du 20 octobre.

La meilleure preuve des intentions sincères, conformes à l'esprit du siècle, du gouvernement autrichien, nous donne le fait suivant dont nous garantissons l'exactitude. C'est une chose connue partout, qu'en Autriche il y a une grande différence entre le gouvernement qui fait les lois, et entre ceux—nommés la bureaucratie — qui sont chargés de leur exécution. Les employés interprètent très-souvent les ordonnances gouvernementales dans un sens tout opposé, à mesure de leurs idées anti-libérales, de sorte que l'application pratique de la loi diffère dans chaque province, et plus une province est inondée d'employés, et plus elle est soumise aux dispositions arbitraires de cette gent volatile aux plumes d'oie. Dans les journées du mois de juillet de cette année, pendant que le conseil renforcé,—ou forcé,—tenait ses séances tumultueuses à Vienne et méditait sur les moyens les plus propres au bien général ; pendant qu'on faisait des sermons forts touchants à plus d'un ministre, suant de sang et d'eau, de l'ancien régime, un petit bureaucrate-tyran autrichien, se croyant maître absolu et indépendant, ordonne l'expulsion de tous les Israélites demeurant au Zwierzyniec, faubourg de la ville de Cracovie. Un jeune homme donne tout de suite connaissance au gouvernement viennois de cet acte barbare, en le faisant relater par le journal, *Morgen-Post*, de Vienne. Là-dessus le ministre respectif fait révoquer par le télégraphe les ordonnances de cet employé en question, qui reçut en même temps sa démission gratis et affranchie de toute taxe.

XVII

Voilà des preuves éclatantes que le gouvernement autrichien, après avoir subi maintes métamorphoses et traversé plusieurs catastrophes et principalement celles arrivées depuis 1848 jusqu'aujourd'hui, commence enfin à comprendre que les temps féodaux sont passés, et qu'il faut tenir un compte exact, même en partie double, de l'opinion publique. Dans notre siècle inventeur des chemins de fer et de la télégraphie électrique, le courant des idées intellectuelles ne connaît plus de barrière; il se propage avec la célérité de l'éclair. Les peuples ont atteint leur maturité et ils voient plus clair que ne le croient certains gouvernements qui, dans leur aveuglement obstiné, prétendent tenir leur pouvoir exclusivement et directement de Dieu. Le voile est tombé et il n'existe plus de secrets pour la perspicacité de l'opinion. Ce qui nous semble d'une grande importance pour la conservation de la monarchie autrichienne c'est de veiller à l'exécution exacte et prompte de ses lois de la part de ses employés, de suppléer à l'ancien régime bureaucratique qui n'est que trop habitué à une vie sinécuriale et à traîner les affaires en longueur, selon leurs intérêts personnels, un régime moderne, recruté parmi des jeunes gens de la nouvelle école progressiste. Nous croyons le nouveau ministre Schmerling à la hauteur de sa mission, et nous avons pleine confiance en cet homme d'Etat qui vient d'entreprendre une tâche bien difficile, car il ne s'agit pas seulement de conserver une maison qui menace ruine, mais il s'agit aussi de déraciner des préjugés séculaires et de mettre en accord des éléments qui par leur nature même sont tout à fait opposés. Berçons-nous donc de l'espoir que François-Joseph suivra nos conseils, tendant à prévenir une effusion de sang humain. En cédant la Vénétie et accordant en même temps des institutions libérarales à ses peuples, son empire deviendra fort à l'intérieur et à l'extérieur; les Tyroliens, dont le courage et la fidélité pour la maison de Habsbourg sont à toute épreuve, formeront son rempart le plus sûr contre le Sud, et les Hongrois le défendront contre toute attaque venue de l'Orient.

XVIII

Si nous jetons un coup d'œil sur la France avant

l'avénement de Napoléon III sur le trône et sur celle d'aujourd'hui, nous sommes surpris du changement qni s'y est opéré pendant son règne. La France d'autrefois, divisée et déchirée au dedans par ses divers partis qui se sont jetés le gant de défi, prêts à s'entre-tuer les uns les autres ; affaiblie au dehors par la méfiance qu'elle inspirait à ses voisins, lesquels peut-être, avec raison, redoutaient un débordement d'une révolution déchaînée, ravageant tout sur son passage et même les choses les plus sacrées, est devenue à présent, sous un gouvernement paternel et sage, le modèle et l'aiguillon de tout l'univers, et par son ordre intérieur, et par son amour et son dévouement pour la justice. Elle a repris son rang qu'elle occupait pendant des siècles, et, exerçant partout son influence morale, nous la voyons demandée comme arbitre par des peuples qui habitent les contrées les plus lointaines. Après avoir rendu la France prospère, relevé son courage abaissé par ses revers ; après avoir détruit la Sainte-Alliance, cette création désastreuse faite pour arrêter tout progrès de la civilisation, et après avoir mis d'accord presque tous les partis de son empire, l'empereur Napoléon III, sachant que de nos jours on n'est grand qu'autant que l'on est juste, et connaissant bien les besoins de notre siècle, est allé au devant de sa grande nation, en lui disant : « Je t'ai préparée à la liberté et dorénavant tu partageras avec moi le pouvoir. » Nous entendons parler du décret impérial du 24 novembre, que nous pouvons considérer comme le vrai couronnement de l'œuvre divine, tracée et commencée par Napoléon Ier et perfectionnée par son descendant Napoléon III. L'empereur comprend bien que les rois et les peuples sont faits les uns pour les autres comme l'est la tête pour le corps humain; ils s'aident et s'appuient mutuellement. Par la participation plus large du Corps Législatif, choisi parmi toutes les classes de la population, aux affaires d'Etat, on parviendra petit à petit à perfectionner les rouages de la machine gouvernementale, et la voix de chacun se fraiera passage jusqu'aux oreilles du souverain, qui s'empressera à remédier à tous les maux.

XIX

L'écho de nos institutions libérales produit déjà ses effets salutaires dans tout le monde civilisé; l'empire Autrichien renaissant, ne peut et ne voudra pas non plus, rester en arrière, et il marchera à coup sûr avec le progrès du temps. Un Etat voisin, le Grand-Duché de Bade, nous en a déjà donné la preuve, en accordant une amnistie générale à ses sujets. En Allemagne, nous voyons les idées libérales et anti-féodales prédominer et marcher au pas de course, et, ce qui n'était qu'un rêve, commence à se réaliser.

Aux Etats-Unis même de l'Amérique, l'élection de Lincoln pour Président prouve, jusqu'à l'évidence, que la liberté l'emporte sur l'égoïsme et sur l'esclavage, et que le trafic honteux d'hommes, images de Dieu, va cesser bientôt.

Par le décret du 24 novembre , Napoléon III a donné à son peuple les moyens nécessaires de s'exercer, par degré, à la liberté qui, en se développant, prendra racine, et portera des fruits nourrissants. Pour nous, il vaut mieux acquérir la liberté graduellement que de la recouvrir toute d'une fois, parce qu'il est démontré que chaque métamorphose soudaine et précipitée de nos institutions n'a produit que des excès, et la liberté est passée à la licence. Les extrêmes se touchent, l'excès dans la servitude produit un excès dans la liberté, et nous ne manquons pas d'exemples de ce genre. Nous voyons des prisonniers, devenus libres tout d'un coup, tomber dans un accès de folie, et des hommes devenus riches subitement, par un caprice de la fortune, s'adonner aux débauches. L'esprit français, ainsi que son imagination, étant toujours en activité, est accessible à toutes sortes de fluctuations ; la moindre cause l'agite et l'impressionne. Il est de la liberté comme d'un cheval de bataille de bonne race, qu'il faut dompter et dresser avant de s'en servir, si l'on ne veut pas être exposé à des accidents dangereux. Dans sa sagesse et sa perspicacité, l'Empereur a l'intention bienveillante de nous familiariser avec la liberté, et il nous l'accorde en doses minimes qui vont toujours en grandissant, comme le fait un médecin expérimenté auprès de son malade. La direction des affaires intérieures de la France, confiée au ministre Persigny, nous donne la certitude que nous marchons vers un avenir heureux.

XX

Comme nous sommes convaincus que le génie napoléonien saura surmonter et applanir toutes les difficultés de notre présent, gros d'événements extraordinaires, nous osons encore porter l'attention de Napoléon III sur un peuple valeureux, aux mœurs incorrompues et d'un héroïsme proverbial, qui est écrasé et tombé victime des intrigues et d'une force barbare. Nous voulons parler de la nation Polonaise, qui formait autrefois un rempart de fer contre l'islamisme, en repoussant toute agression des célèbres *Janitzares* qui, dans les temps de guerres et de persécutions religieuses, donna l'exemple la première d'une tolérance en faits religieux, sous le règne de son roi, Sigismond Auguste II; cette nation, enfin, qui est liée à la France, et par des liens de parenté, et par le sang qu'elle a versé partout où il s'agissait de sauver la cause juste et l'honneur des Français.

Si nous remontons à des siècles antérieurs, nous voyons, en effet, un prince Français, Henri d'Anjou, assis sur le trône de la Pologne, et que toute la Lorraine, que nous possédons aujourd'hui, nous est venue en héritage, par le mariage d'une fille d'un prince Polonais nommé Stanislas Leszczynski avec Louis XV. Sous le premier Empire, il n'y avait pas de bataille livrée par les armées victorieuses de France, qui n'était soutenue par des Polonais. A la bataille désastreuse de Leipsick, c'est le maréchal polonais Poniatowski, lequel se défendant avec le courage d'un lion, trouvait son tombeau dans l'Elstre ; bref, nous les trouvons partout à côté de la France, aux campagnes en Russie, en Espagne, et même en Algérie. Le dernier héros polonais, Kosciuszko, compagnon d'armes de Lafayette en Amérique, sous Washington, fait des prodiges de valeur, et, à l'admiration universelle, il se mesure deux fois avec les armées régulières russes.

La Pologne, située dans les plaines fécondes de la Vistule, de l'Odre et de la Warthe, comptant jadis 22 millions d'habitants, est devenue déchirée en lambeaux par ses voisins, la Russie, l'Autriche et la Prusse ; elle fut partagée trois fois, en 1772, 1793 et 1795, au mépris de tous les droits, et l'Autriche lui donna encore le coup de grâce, en usurpant la république de Cracovie, en 1846, malgré les protestations de la France et de l'Angleterre.

Le partage de la Pologne restera à jamais une action inexcusable de la force brutale exercée sur un peuple inoffensif et laborieux. Les Polonais, dits les Français du Nord, peuvent dire fièrement avec François Ier : « Tout est perdu, fors l'honneur, » et méritent bien que le gouvernement français s'intéresse à leur cause sainte et juste. Nous sommes persuadés que Napoléon III, qu'on peut considérer comme le vrai libérateur des peuples opprimés, en prêtant son oreille aux justes réclamations d'une nation trempée dans les malheurs, et qui a ses yeux toujours tourné vers la France, dont elle attend avec pleine confiance sa délivrance, prendra l'initiative de la cause polonaise auprès du Congrès Européen, qui, sans doute, ne tardera pas à se réunir.

A notre avis, la transaction la plus convenable et la plus sûre pour la création d'un royaume de Pologne, serait de mettre tous les Polonais réunis sous la suzeraineté de la Russie, de la Prusse et de l'Autriche, à des conditions garanties par toutes les puissances. Les Polonais doivent être libres de toute pression dans le choix de leur prince, et ils feraient bien, pour éviter les prétentions de certains partis, et pour rendre plus solide leur indépendance, d'élire un prince français. De telle manière, ils se mettront à l'abri de toute attaque, ayant continuellement les Français derrière eux.

L'Autriche, étant redevable de sa propre existence au roi de Pologne, Jean Sobieski, qui l'a sauvée en 1683, doit être portée la première à la formation d'un royaume polonais fort et indépendant.

Au nom de l'humanité, au nom de la civilisation et au nom de la justice, nous faisons des vœux sincères pour que tous les souverains se mettent à cœur de réparer le plutôt possible toutes les injustices commises dans des siècles barbares envers les peuples en général, et envers la brave nation Polonaise en particulier.

Que Dieu conserve les jours de l'Empereur Napoléon III, qui, nous en sommes sûrs, ne manquera jamais aux traditions de son oncle Napoléon Ier, et qui accomplira certainement jusqu'à la fin sa haute mission.

Paris. — Imprimerie de Georges Kugelmann